AF384681

JURISPRUDENCE

SUR LE

CARACTÈRE

DES

FRAIS DE RENFLOUEMENT

APRÈS

Échouement fortuit

PARIS

IMPRIMERIE CHARLES SCHLAEBER

257, RUE SAINT-HONORÉ, 257

1891

JURISPRUDENCE

SUR LE

CARACTÈRE

DES

FRAIS DE RENFLOUEMENT

APRÈS

Échouement fortuit

I. — " AMIRAL CASY ".

II. — " MOHAMMED SAID ".

III. — " DELIA ".

IV. — " AURORA ".

V. — " BROOKLANDS ".

VI. — OPINION ET RÉSUMÉ DE
M. DESJARDINS.

C.

I. — " AMIRAL CASY "

ARRÊT DE LA COUR DE CASSATION
Du 3 février 1864

(Req. D. 1864. 1. 57)

La Cour,

Attendu qu'après avoir énuméré les divers accidents de mer qui, selon les circonstances, déterminent, soit des avaries communes, soit des avaries particulières, les art. 400 et 403 C. com. posent une règle générale destinée à discerner ces deux genres d'avaries ; qu'il résulte de la disposition finale du premier de ces articles que l'avarie commune doit procéder d'un sacrifice volontaire accompli après délibération motivée et pour le salut commun du navire et de la marchandise ; que l'avarie particulière ne peut, au contraire, d'après les dispositions finales de l'art. 403, procéder que d'un dommage souffert ou d'une dépense faite pour le navire seul ou pour les marchandises seules ;

Attendu que le caractère de l'avarie est irrévocablement fixé au moment où le navire et la marchandise conjointement, ou l'un ou l'autre séparément, subissent la volonté qui, pour le salut commun, leur impose un sacrifice, ou le fait de force majeure qui cause un dommage ou nécessite une dépense ; que, dans le premier cas, l'avarie commune, à son origine, ne peut pas plus dégénérer par les actes subséquents en avarie particulière que celle-ci ne peut se résoudre en avaries communes ; que, sans doute, après que le navire a échoué par une fortune de mer, il peut se produire et il se produira nécessairement des actes volontaires qui imposent des sacrifices à la marchandise ; mais ces actes, tout volontaires qu'ils sont, ne cesseront pas de participer du caractère de l'avarie particulière quand ils s'y rattacheront par un lien nécessaire et qu'ils en seront la conséquence forcée ; que, procédant d'une avarie particulière, ils lui emprunteront son caractère par cette raison que la volonté qui les a accomplis était dominée par le fait primordial de force majeure ;

Attendu que, pour échapper aux conséquences de ce principe, il ne suffirait pas de faire observer dans le cas d'échouement par force majeure d'un navire, la marchandise est débarquée tout aussi bien dans l'intérêt des chargeurs que dans celui de l'armement, les propriétaires de la marchandise étant intéressés à ce que le navire puisse continuer sa route ; que cette objection ne tendrait à rien moins qu'à effacer la distinction profonde et radicale que les deux dispositions finales des art. 400 et 403 ont établie entre ces deux genres d'avaries que ces articles spécifient ; qu'il est en effet certain que toute dépense faite pour le navire profite à la marchandise ; mais pour être classée en avarie commune cette dépense doit procéder, non d'un acte volontaire, isolé et spécial à la marchandise ou au navire, mais d'un dommage souffert volontairement ou d'une dépense faite simultanément pour le salut commun du navire et de la marchandise ; que tel est le sens exprès de la dernière disposition de l'art. 400 précité ;

Attendu qu'en admettant que le déchargement des marchandises qui se trouvent à bord d'un navire échoué par fortune de mer, ou toute autre dépense faite pour relever le navire, puisse dans certaine circonstance être considéré comme fait dans l'intérêt du navire et de la marchandise, et classé à ce titre en avarie commune, il appartient aux juges du fait de rechercher, d'après les documents de la cause soumis à leur appréciation, si en effet les dépenses faites pour la marchandise l'ont été pour le salut du navire seul ou pour le salut commun du navire et de la marchandise ;

Attendu, dans l'espèce, que l'arrêt attaqué constate en

fait, en contredisant sur ce point les affirmations du jugement dont était appel, que le le navire " l'Amiral Casy " a été ramené à Calcutta dans l'intérêt seul du navire, et non dans celui de la marchandise qu'aucun péril imminent ne menaçait; que, pour avoir, dans les circonstances particulières de la cause, refusé de régler en avaries communes les dépenses faites pour la relâche du navire à Calcutta, ainsi que les frais de déchargement et de rechargement de la cargaison, ledit arrêt n'a ni violé l'art. 400 ni faussement appliqué l'art. 403 C. com.;

Rejette.

II. — " MOHAMMED-SAID "

ARRÊT DE LA COUR DE CASSATION
Du 27 décembre 1871

(D. 1873, 1.3ú)

La Cour ;

Sur le premier moyen de pourvoi :

Attendu que la Cour de Bordeaux, par une appréciation souveraine des faits qui lui avaient été soumis, a constaté que les avaries subies par le navire " Mohammed-Saïd ", après son entrée dans le port de Plymouth, n'étaient pas une conséquence directe et nécessaire de la relâche effectuée dans ce port pour le salut commun en vertu de la délibération de l'équipage; qu'elles ont été causées, au contraire, par une nouvelle tempête, qui a sévi avec une violence assez extraordinaire pour détruire la sûreté du meilleur abri; que cette tempête a éclaté à la suite d'une saute de vent, ving-quatre heures après celle qui avait déterminé le capitaine à se réfugier dans le port de Plymouth, et quand déjà le navire avait rallié ce port sans accident, et, se trouvant amarré au quai de la Milbay, avait complètement atteint le but de la relâche et épuisé avec sa cargaison les risques auxquels la délibération prise pour le salut commun avait pu les exposer;

Que l'arrêt attaqué a justement induit de l'ensemble de ces circonstances que les avaries dont il s'agit provenant d'un nouvel accident de mer, imprévu et de force majeure, constituaient des avaries particulières, et qu'il a classé, comme telles, à la charge du navire seul, les dépenses faites pour le renflouer après son échouement dans la Nilbay et pour le remorquer d'abord dans le port militaire d'Hamouze puis dans le Great Western flotting dock, ainsi que les frais de déchargement, d'emmagasinage et de rembarquement des marchandises qui avaient été mises à terre pour qu'on pût faire au navire les réparations nécessitées par son échouement;

Attendu, en effet, qu'aux termes de l'art. 400 C. com., les avaries communes ne comprennent que les dommages volontaires et les dépenses qui sont une suite directe et nécessaire de la délibération prise pour le salut commun du navire et de la cargaison;

D'où il suit que la Cour de Bordeaux, loin d'avoir violé les articles invoqués par le pourvoi, en a fait une juste application à l'espèce.

III. — " DELIA "

ARRÊT DE LA COUR DE RENNES
du 27 avril 1860

Attendu, en droit, que la loi répute avaries communes
les dépenses faites d'après délibérations motivées, pour le
bien et salut commun du navire et des marchandises ; qu'il
ne faut pas confondre avec ces dépenses celles qui n'ont
pour objet que de remédier à un accident arrivé au navire
et de le mettre en état de continuer sa route ; que si l'article 400 du Code de commerce considère comme avaries
communes les frais faits pour remettre à flot le navire
échoué, c'est seulement lorsque le navire a été échoué volontairement dans l'intention d'éviter la perte totale ou la
prise ; que l'article 403 répute avaries particulières les dépenses résultant de toutes relâches occasionnées par une
voie d'eau à réparer ; que l'armateur ayant contracté l'obligation de transporter le chargement à sa destination, doit
supporter les frais nécessaires pour réparer les accidents
arrivés au navire, dans le cours du voyage, surtout quand
ces accidents peuvent être attribués à des erreurs commises
par le capitaine ; qu'aux termes des articles 221 et 230, le
capitaine est garant de ses fautes, même légères, et que sa
responsabilité ne cesse que par la preuve d'obstacles de
force majeure ;

Attendu, en fait, qu'il résulte des rapports de mer faits
par le capitaine Harmsoln, à Ramsgate et à Tréguier, que
ce capitaine, ayant mal calculé sa route et pris un phare
pour un autre, a échoué sur les bancs de Goodwin ; qu'avec
l'aide et les conseils de pêcheurs anglais, il a réussi à remettre son navire à flot, mais que, le navire faisant eau, il a été

contraint de relâcher à Ramsgate ; que, pour le réparer, il a été obligé de décharger la cargaison, bien que la cargaison n'eût souffert aucune avarie ; que, de plus, il a été forcé de payer, aux pêcheurs anglais qui l'ont secouru, une somme très considérable que ces derniers ont exigée de lui, suivant des usages peu dignes des principes qui régissent aujourd'hui le droit des gens ; qu'enfin, le navire réparé et la cargaison rechargée, il n'a pu partir pour se rendre à sa destination, qu'après avoir contracté un emprunt à la grosse, à l'effet d'acquitter les diverses dépenses faites par lui à Ramsgate, dépenses qu'il prétend être, sinon pour la totalité, du moins pour la plus grande partie, des avaries communes ;

Attendu que, dans les circonstances où s'est effectué l'échouement et eu égard aux faits spéciaux de la cause, cette prétention du capitaine est mal fondée ; que la cargaison n'a subi aucune avarie ; que si à Ramsgate on a été obligé de la décharger, ce déchargement n'a eu lieu que pour faciliter la réparation du navire ; qu'il n'y a donc aucune distinction à établir entre les diverses dépenses faites à Ramsgate ; que les frais de renflouement et de relâche ont eu pour objet de remédier à l'accident arrivé par suite de la double erreur commise par le capitaine ; qu'ils sont la suite et la conséquence de l'échouement, lequel, incontestablement, est une avarie particulière, et qu'en acquittant ces dépenses, en remettant son navire à flot, en le réparant de manière à pouvoir reprendre la mer, le capitaine n'a fait que remplir l'engagement contracté par lui envers les propriétaires du chargement ; que c'est donc avec raison que les premiers juges ont refusé de voir dans ces dépenses le caractère d'avaries communes et les ont laissées, sans distinction, à la charge du navire ;

Par ces motifs,

La Cour confirme le jugement dont est appel ;

Déboute l'appelant de toutes ses conclusions et le condamne à l'amende ordinaire et aux dépens.

IV. — " AURORA "

ARRÊT DE LA COUR DE POITIERS
du 11 février 1889

Le Tribunal de Commerce de La Rochelle avait rendu le jugement suivant, à la date du 20 juillet 1888 :

JUGEMENT

Attendu que des rapports de mer faits à Copenhague et à La Rochelle par le capitaine Mandelberg, les 12 et 29 juin 1888, il appert, notamment, que le 2 juin, le navire "Aurora" partit de Riga, avec un chargement de bois à destination de la Rochelle ; qu'au départ, le navire était en état de navigabilité ; que le voyage fut continué avec des temps et des vents variables et différentes voilures suivant les circonstances ; que le 8 juin, le vent était Est-Nord-Est, brise faible, presque calme ; que le navire gouvernait au nord-demi-Est entre les bouées ; que le courant venait du Sud et était fort ; qu'un peu avant 2 heures de l'après-midi, il passa la bouée de Kronberg, à Sathan, à une distance d'environ deux à trois longueurs de navire ; qu'il gouverna alors en vue de la bouée suivante, qu'il avait à deux quarts sur tribord devant ; que, vers 2 heures du soir, le navire toucha tout à coup, ce qui ne peut être attribué qu'à une déviation du violent courant ; que le capitaine essaya aussitôt de le dégager, mais, comme il n'y avait pas de vent ni de force pour gouverner, il ne put y parvenir et que le navire resta échoué ;

Que les voiles furent carguées ; qu'on sonda et trouva que le navire était déjaugé d'un pied, en mesure française

81 centimètres environ ; que le capitaine tint conseil
de son équipage et que tous furent d'avis qu'on ne pouvait renflouer le navire, soit en portant une ancre à jet,
soit par tout autre moyen du bord ; qu'il était donc obligé,
pour sauver le navire et la cargaison du danger commun,
d'engager un remorqueur pour opérer le sauvetage ; qu'un
vapeur étant venu dans l'intervalle, on entra en pourparlers
avec son capitaine ; qu'après une longue discussion, le capitaine de l' "Aurora" fut obligé de passer avec le capitaine du
remorqueur un contrat par lequel Mandelberg s'engageait à
payer, au remorqueur, dans le cas où le renflouement pour-
rait être opéré sans décharger une partie de la cargaison,
la somme de 150 livres ; que s'il était nécessaire d'alléger, ce serait 200 livres ; qu'il ne fut pas possible de
l'obtenir à meilleur marché, et que tout l'équipage fut
d'avis qu'il était nécessaire d'accepter ce contrat de sauvetage, car il considérait comme impardonnable de laisser le
navire échoué pendant la nuit d'autant plus que le baromètre
baissait ; que le capitaine de l' "Aurora" donna alors la
remorque au vapeur, qui commença à tirer de toutes ses
forces ;

Que le navire ne bougea pas, et qu'après que le vapeur eût
tiré en vain et que le capitaine eût reconnu que le navire ne
pouvait être renfloué avec le vapeur seul, il prit de nouveau
conseil de son équipage ; qu'il fut alors décidé par ledit équipage tout entier qu'on allègerait, vu que l'on était convaincu
que sans cela il n'était pas possible de retirer le navire ;
qu'on fit venir aussitôt une allège, et les gens qui s'y trou-
vaient, une trentaine de personnes, commencèrent à
décharger la pontée ; que le vapeur porta avec l'ancre de
babord devant 60 brasses de chaînes en dehors dans
la passe, et que l'équipage, ainsi que les sauveteurs, hâlèrent
dessus au moyen du cabestan, tandis que le vapeur tirait de
toutes ses forces sur le navire ; que, grâce à la grande force
ainsi exercée, le navire commença à remuer et qu'après avoir
hâlé et tiré pendant trois quarts d'heure, on réussit à le

remettre peu à peu à flot, après quoi il fut remorqué par le vapeur jusqu'à une place appropriée pour faire visiter son fond par un plongeur, sur rade intérieure de Copenhague, et qu'il y mouilla pour réembarquer la partie de la pontée qui y avait été déchargée, opération qui fut terminée dans le courant de la journée suivante : que le 14 juin 1888, le navire était en état de reprendre son voyage ;

Parti et arrivé en rade de La Rochelle dans la nuit du 28 au 29 juin ; qu'il entra dans le bassin le 29, vers les 8 heures du matin ; que le même jour, à 2 heures du soir le capitaine Mandelberg y déposa et affirma au greffe de ce tribunal un rapport de mer auquel il se réfère.

Que par exploit de Thomas, huissier, en date du 7 juillet 1888, Mandelberg a fait assigner Morch, à l'effet d'entendre dire et déclarer que 5,689 fr. 42 de dépenses et frais dont s'agit devraient être considérés comme avaries grosses ou communes et voir nommer tel expert qu'il plaira au tribunal désigner pour en faire le règlement

Attendu que l'affaire, appelée à l'audience du 10 de ce mois, a été remise à celle du 13, afin de permettre à Morch de mettre les assureurs en cause ; qu'à cette audience du 13, Morch et les assureurs ont fait plaider que si, aux termes de l'article 400 du Code de Commerce, les dépenses faites pour le bien et le salut commun du navire et de la cargaison constituent une avarie grosse, il n'en est ainsi que lorsque le dommage résulte d'un acte volontaire résolu pour le salut commun ;

Que le caractère de l'avarie est irrévocablement fixé au moment où le navire, ou la marchandise, conjointement ou séparement, subissent soit la volonté qui leur impose un sacrifice pour le salut commun, soit l'accident qui cause un dommage et nécessite une dépense ; que si dans le cas où le navire a échoué par fortune de mer, il se produit nécessairement des actes volontaires qui imposent des sacrifices à la marchandise, mais que ces actes tout volontaires qu'ils sont ne cessent pas de participer du caractère de l'avarie particulière, dont ils ne sont que la conséquence forcée; qu'en fait, l'échouement dn navire '' Aurora '' n'a rien eu de volontaire et n'est que le résultat d'un accccident ; que les dépenses faites pour le renflouement, et qui ont consisté dans le déchargement d'une partie de la cargaison, le remorquage du navire jusqu'à Copenhague et le rechargement, participant nécessairement, et alors surtout qu'il n'y avait aucun péril — imminent pour la cargaison, du caractère de l'avarie qui en a été la cause, devaient dès lors être qualifiées comme elle d'avaries particulières à la charge exclusive du navire;

Que subsidiairement, les avaries qui, aux termes de l'article 400 du Code de Commerce précité, devraient être considérées comme avaries grosses donnant lieu en une contribution contre le navire et la cargaison cessent de revêtir ce caractère lorsque le fait qui a rendu les dépenses nécessaires a été causé par la faute ou la négligence du capitaine; que, dans ce cas, les dépenses faites restent exclusivement à la charge de ce dernier ou de son armateur; qu'il résulte des termes mêmes du rapport de mer que l'échouement de '' l'Aurora '' n'a été que la conséquence de l'imprudence du capitaine, qui a eu le tort de s'engager dans le passage étroit de Saltholm (Sund), avec un fort courant de jusant et une brise calme qui lui permettait à peine de gouverner, alors qu'il y avait facilité de mouiller à cet endroit; que, de plus, le rapport de mer constate que '' l'Aurora '' n'avait pas d'embarcation en état d'élonger les ancres, ce qui eût permis de renflouer le navire avec les moyens du bord, alors que l'obligation d'avoir cette embarcation est plus impérieuse encore pour les navires qui fréquentent les mers étroites comme la Baltique et exposés, par conséquent, à des échouements ;

Que l'on s'est trop pressé d'accepter les offres excessives d'un remorqueur; que rien ne pressait et qu'on aurait pu, après avoir allégé le navire à l'aide des allèges dont on disposait, attendre le moment de la pleine mer; que, dans ces conditions, l'assistance d'un remorqueur n'étant pas justifiée par l'imminence d'un danger et n'étant que la conséquence de l'insuffisance fautive des moyens du bord, le tribunal devait rejeter la demande du capitaine, tendant à faire admettre en avaries grosses les dépenses par lui faites dans les circonstances qui viennent d'être exposées; qu'au surplus, toutes les dépenses portées au compte dressé par le capitaine Mandelberg ne sauraient être considérées comme avaries communes; qu'il serait nécessaire de faire une distinction entre les diverses dépenses; que l'argument tiré de ce que M. Morch avait, dès avant l'instance, accepté la nomination d'un expert-dispatcheur chargé de procéder au règlement demandé, et serait non recevable à revenir sur cette acceptation, est sans portée; qu'en effet, le consentement de Morch à un règlement amiable, donné avant même qu'il eût connaissance du rapport de mer, ne concernait qu'un règlement à faire par un dispatcheur nommé par les assureurs, lequel aurait eu pour mission de rechercher si les avaries constatées avaient ou non le caractère d'avaries grosses;

Attendu qu'ensuite des plaidoiries, les parties ont, au provisoire et d'accord entre elles, demandé au tribunal la nomination de M. Bédard, à l'effet de voir et visiter le navire " Aurora " et de déterminer sa valeur pour servir de base au règlement d'avaries, s'il y avait lieu; que cet expert a été nommé audience tenante; qu'il a prêté serment de remplir sa mission et en a rendu compte dans un rapport déposé au greffe de ce tribunal, le 16 juillet courant, et fixant à 6,500 francs la valeur du navire " Aurora ";

Le tribunal,

Attendu que la règle d'après laquelle les suites d'une varie particulière revêtent le caractère de celle-ci ne fait pas obstacle à ce que les dépenses faites pour le salut commun soient classées en avaries grosses; que, par exemple, si, en cas d'échouement fortuit, les dommages matériels subis par le navire ou par la cargaison sont des avaries par-

— 15 —

ticulières, à la différence de ce qui a lieu en cas d'échouement volontaire, on doit néanmoins faire rentrer en contribution, comme avarie grosse, les frais de renflouement, que
le capitaine a décidé de faire pour le salut commun;

Qu'après avoir traité des avaries dans son rapport sur un
arrêt de cassation du 10 août 1880 (D. P. 1, 448), et rappelé
que, par autres arrêts des 16 juillet 1861 (D. P. 61, 1,316)
et 9 novembre 1868 (D. P. 68, 1,479), la Cour de cassation
avait jugé que les frais et dépenses de relâche, de déchargement, de rechargement, de pompage extraordinaire, de
magasinage, de pertes d'agrès, etc., etc., devaient être
considérés comme avaries grosses s'ils avaient eu lieu à la
suite d'une voie d'eau déterminée par une tempête ou un
abordage, c'est-à-dire d'un dommage résultant pour le navire d'un accident de navigation, et, dès lors, primitivement
d'une avarie particulière, M. le conseiller Féraud Giraud
conclut ainsi : « Qu'est-ee à dire, si ce n'est que toutes les fois
qu'il est constaté, en fait, que c'est pour le salut commun
que les dépenses ont eu lieu, elles constituent, aux yeux de
la Cour de cassation, des avaries grosses, et que lorsque, au
contraire, le salut commun n'existe pas, d'après le juge du
fait, l'avarie est particulière.

« Voilà une marche à suivre dans une voie bien nettement
tracée, et pour la suivre, nous n'avons qu'à chercher les
constatations de l'arrêt attaqué ».

Attendu que c'est à tort que les défendeurs ont cité comme
rendus en sens contraire six arrêts; que ces arrêts sont
plutôt favorables au capitaine Mandelberg, car ils décident
seulement :

1° Que les frais de renflouement sont des avaries particulières au navire quand il n'est pas prouvé qu'ils ont été faits
dans l'intérêt du salut commun du bâtiment et de la cargaison (Cassation, 3 février 1864. D. P. 64. 1. 57);

2° Qu'il n'y a pas lieu d'admettre en avarie commune les
frais de relâche et de déchargement quand l'arrêt attaqué
constate en fait que le danger, sous le prétexte duquel la

délibération avait été prise, n'existait pas (Cassation 10 août 1880. D. P. 80. 1448);

3° Quand il n'y a pas eu de délibération de l'équipage et qu'il y avait si peu de danger que l'assistance d'un navire avait été refusée ;

4° Quand aucun péril imminent pour l'équipage et le chargement n'est invoqué et qu'il n'est pas justifié que l'équipage ait été appelé à donner son avis ;

5° Quand, loin d'avoir été déterminé par un péril imminent, la délibération de l'équipage avait été motivée par la crainte de s'exposer avec un navire défectueux aux chances d'une longue traversée ;

6° Quand aucun péril commun n'avait déterminé la relâche et le remorquage (Rouen 17 novembre 1883. Douai, 4 mai 1886. Rouen, 24 mai 1886. Montpellier, 25 mai 1886, rapportés dans un opuscule, publié par les compagnies d'assurances, par elles mis sous les yeux du Tribunal après la clôture des débats);

Attendu que, dans la cause, il est prouvé, par les rapports de mer faits à Copenhague et à La Rochelle, que par suite d'une déviation du violent courant " l'Aurora " toucha tout à coup ; que son renflouement a été délibéré et opéré pour le salut commun du navire et de la cargaison en réel et imminent danger commun, par suite d'un courant très violent, de l'absence de vent, de l'impossibilité de gouverner et de dégager le navire qui était déjà déjaugé d'un pied, de la baisse du baromètre, du péril qu'aurait fait courir, au navire, et sa cargaison, l'échouage de " l'Aurora " pendant la nuit, ce qui, d'après l'épuipage, eût été une faute impardonnable ; que dans ces circonstances critiques, le capitaine Mandelberg ne pouvait laisser son navire échoué avec la cargaison ;

Qu'au contraire, il devait tout tenter dans l'intérêt de l'un et de l'autre pour opérer le renflouement ; que les allégations contraires de Morch et des assureurs, et dont la preuve en est d'ailleurs ni faite ni offerte, ne peuvent rien contre deux rapports de mer vérifiés, affirmés, faisant foi de justice, comme une preuve juridique par témoins ;

Attendu que, prévoyant une solution contraire à leur système, Morch et les assureurs cherchent à y échapper en prétendant que le capitaine Mandelberg a été imprudent :

1° En s'engageant dans le passage étroit de Salthom (Sund) avec un fort courant de jusant et une brise calme, qui lui permettait à peine de gouverner, alors qu'il y avait facilité de mouiller à cet endroit ;

2° En n'ayant pas à bord d'embarcation en état d'élonger les ancres ; que, dès lors, il y avait eu faute de la part du capitaine Mandelberg et que sa demande doit être rejetée ; que Morch et les assureurs n'apportent la moindre justification à l'appui des griefs qu'ils font au capitaine Mandelberg ; que, d'après les cartes marines, loin de manquer de largeur et de profondeur, comme ils le soutiennent, le détroit qui sépare l'île Salthom du continent le plus rapproché a plus d'un mille et demi, soit environ 1600 mètres de largeur, et que sa profondeur n'est pas moindre de 9 mètres aux basses mers de syzigies ;

Que, munis des certificats constatant qu'il y avait à bord tout ce qui était nécessaire d'après les règlements de son pays pour le voyage qu'il allait entreprendre, le capitaine Mandelberg n'est pas personnellement fautif de n'avoir eu qu'un canot d'un tonnage insuffisant pour, dans l'état des courants, porter la seconde ancre et sa chaîne ; qu'en comparant les moyens qu'il a fallu employer pour renflouer "l'Aurora" le remorqueur tirant de toutes ses forces, mais inutilement, allègement, déchargement de la pontée, nouveau recours au remorqueur, concours d'une trentaine de personnes à bord de l'allège, etc., etc., il est plus que téméraire d'oser prétendre que l'équipage *seul* aurait pu effectuer ce renflouement au moyen de sa seconde ancre ; qu'il n'est donc que juste de reconnaître que le capitaine Mandelberg, après son échouement, a bien agi comme il devait le faire, dans l'intérêt du navire "Aurora"

2.

et de sa cargaison, en un mot pour le salut commun de tous les intérêts en cause.

Que s'il n'eût fait procéder à la hâte au renflouement et à l'allègement de son navire, il eût commis une faute impardonnable, le déjaugeage de son bâtiment pouvant brusquement augmenter au gré de la violence et de la déviation des courants, et amener la perte totale ou partielle du navire et de la cargaison ;

Attendu que Morch ne peut être lié par les pourparlers amiables engagés entre lui et le capitaine Mandelberg dès avant l'instance et alors qu'il n'avait qu'une imparfaite connaissance de la volonté dudit capitaine ;

Par ces motifs, le Tribunal, faisant droit, après en avoir délibéré conformément à la loi, et jugeant en premier ressort, dit et juge que c'est bien dans l'intérêt commun du navire et de la cargaison que l' " Aurora " a été renfloué, allégé et conduit sur rade de Copenhague pour y mouiller et réembarquer la partie de la pontée qui avait été déchargée ;

Qu'aucune faute n'est imputable au capitaine Mandelberg ; que l'échouement inopiné de son bâtiment, ainsi son déjaugeage subit, doivent être uniquement attribués à une brusque déviation du violent courant. Décide, en conséquence, que les dépenses faites par le capitaine Mandelberg pour faire remorquer, alléger, conduire, mouiller et recharger son navire, devront être classées en avaries communes ;

Nomme, sur la présentation des parties, M⁰ Deforge, avocat du barreau de La Rochelle, comme expert chargé d'établir le règlement de ces avaries ; l'autoriser à s'entourer de tous renseignements pour l'accomplissement de sa mission ;

Commet M. le président de ce siège pour recevoir le serment dudit expert ; dit qu'après l'accomplissement de sa mission, cet expert en rendra compte dans un procès-verbal qu'il déposera au greffe de ce tribunal, pour être ensuite conclu par les parties, statué par le Tribunal, ce qu'il appartiendra ; Dépens en frais d'avaries.

ARRÊT

Attendu que, de la disposition finale de l'art. 400 du Code de commerce, il résulte que l'avarie grosse doit procéder d'un sacrifice volontaire, accompli après délibération motivée et pour le salut commun du navire et de la marchandise ; que, au contraire, d'après les dispositions de l'art. 403 dudit code, l'avarie particulière ne peut procéder que d'un dommage souffert soit par le navire seul, soit par la cargaison seule, ou d'une dépense faite dans l'intérèt exclusif soit de l'un, soit de l'autre ;

Attendu que le caractère de l'avarie est irrévocablement fixé au moment où s'accomplit, soit le fait accidentel résultant de la force majeure, soit l'acte volontaire ayant pour objet le salut commun ;

Attendu que le caractère ainsi déterminé réagit sur tous les dommages qui en ont été la conséquence directe ; que, sans doute, au cas d'échouement par fortune de mer, qui constitue une avarie simple, il peut se produire et il se produit presque toujours des actes qui, tout volontaires qu'ils sont, ne cessent de participer du caractère de l'avarie particulière à laquelle il se rattachent par un lien forcé.

Attendu que le rapport de mer, dressé le 12 juin 1888 par le capitaine Mandelberg, constate que le 8 du même mois, vers 2 heures de l'après-midi, alors qu'il venait de dépasser la bouée de Kronberg à Saltholm, le trois mâts ''l'Aurora,'' entraîné hors de sa route par un courant violent, toucha tout à coup ; que l'équipage reconnut que « le navire ne « pouvait être dégagé par les moyens du bord, car le canot « n'était pas en état de porter la seconde ancre et sa chaîne, « et décida qu'il n'y avait lieu, pour sauver le navire et sa « cargaison du danger commun, d'engager un vapeur de sau- « vetage » ; qu'après avoir traité avec un remorqueur, on dégagea une partie des bois emmagasinés sur le pont afin d'alléger le navire, que l'on parvint à mettre à flot et à couduire d'abord jusqu'au mouillage, où un plongeur s'assura que le trois-mâts n'avait souffert aucune avarie importante, puis jusqu'au port de Copenhague, où la marchandise fut rembarquée;

Attendu que les dépenses faites pour le renflouement de "l'Aurora, le déchargement et le rechargement de la cargaison ont été nécessitées par l'accident survenu le 8 juin et qui avait amené l'échouement involontaire du navire, c'est-à-dire par une avarie particulière à celui-ci;

Attendu que. si le contrat passé avec le remorqueur a été précédé d'une délibération de l'équipage portant qu'il fallait traiter à tout prix dans l'intérêt commun du navire et de la cargaison, cette délibération est impuissante à elle seule à transformer la nature de l'avarie; qu'elle n'a été manifestement prise que pour ne pas s'exposer à la chance d'attendre la nuit avant que la marée vînt soulever le bateau et le dégager, mais non en vue d'un péril menaçant tout à la fois le navire et la marchandise; qu'il est, en effet, reconnu par le rapport du capitaine que la brise était faible, presque calme, que les pompes ont été examinées aussi bien pendant qu'après l'échouement et que le navire ne faisait pas plus d'eau qu'auparavant; que "l'Aurora" n'a donc été, à aucun moment, exposé à un danger imminent et que les faits démontrent jusqu'à la dernière évidence que toutes les mesures prises se rattachaient directement à l'avarie particulière au navire et en ont été la conséquence nécessaire;

Attendu que vainement on voudrait soutenir que la marchandise a été débarquée tout aussi bien dans l'intérêt des chargeurs que dans celui de l'armement, les propriétaires de la marchandise étant intéressés à ce que le navire pût continuer sa route; que cette objection ne tendrait à rien moins qu'à effacer la distinction radicale établie par la loi entre les deux genres d'avaries; qu'il n'est pas douteux que toute dépense faite par le navire profite plus ou moins directement à la cargaison, mais il n'en est pas moins vrai, dans l'espèce, qu'en déchargeant "l'Aurora" d'une partie de la marchandise, bien que celle-ci n'eût subi aucune avarie, le capitaine Maldenberg a agi dans l'intérêt exclusif du navire et à cause de l'obligation imposée à son armateur, en échange du frêt qu'il devait recevoir, de fournir, pour le transport de la marchandise jusqu'à destination, un bateau en état de supporter les accidents nécessaires de la navigation ;

Attendu, dès lors, et sans examiner si, comme le soutiennent les appelants, le navire était innavigable, qu'il y a lieu d'écarter la demande en contribution et de faire droit à l'appel.

Sur les dépens,

Attendu qu'ils sont à la charge de celui qui succombe ;

Par ces motifs,

La Cour, statuant sur l'appel émis à l'encontre du jugement rendu, le 20 juillet 1888, par le tribunal de commerce de la Rochelle, dit qu'il a été mal jugé en ce que les premiers juges ont déclaré que c'était dans l'intérêt commun du navire et de la cargaison que "l'Aurora" a été renfloué, allégé et conduit sur rade à Copenhague, pour y mouiller et rembarquer la partie de la pontée qui avait été déchargée ; qu'aucune faute n'était imputable à Mandelberg, l'échouement inopiné de son bâtiment, ainsi que son déjaugeage, devant être uniquement attribués à une brusque déviation du courant violent ; ont décidé, en conséquence, que les dépenses faites par Mandelberg pour faire remorquer, alléger, conduire, mouiller et recharger son navire, devraient être classées en avaries communes et ont commis un expert pour établir le règlement de ces avaries ; dit qu'il a été bien appelé, met le jugement frappé d'appel à néant ; émendant, réformant et faisant ce que les premiers juges auraient dû faire ;

Dit et juge que le renflouement de l'"Aurora" ayant eu pour cause l'échouement fortuit du navire, les dépenses occasionnées par le renflouement sont, aux termes des art. 400 § 8 et 403 combinés du Code de commerce, des avaries particulières au navire;

Dit et juge qu'il résulte des faits de la cause qu'il n'y a eu aucun péril imminent à conjurer et que le renflouement n'a eu pour but que de permettre au capitaine d'accomplir son voyage, en le remettant à flot le plus tôt possible pour ne pas exposer son navire aux inconvénients d'un échouage prolongé;

Dit qu'il n'échet de statuer sur toutes autres et plus amples conclusions des appelants;

Condamne l'intimé en tous les dépens de première instance et d'appel;

Ordonne la restitution de l'amende consignée.

Ainsi jugé, etc.

V. — " BROOKLANDS "

ARRÊT DE LA COUR DE ROUEN
du 15 Juillet 1889.

Attendu qu'aux termes de l'art. 400 du Code de commerce, l'échouement volontaire d'un navire est seul classé avec les pertes, dommages et dépenses qu'il entraîne dans la catégorie des avaries communes ;

Que, si l'échouement est le résultat de la force majeure ou de la faute du capitaine, il n'est plus qu'une avarie particulière et que tous les actes ultérieurs qui en sont la suite immédiate et directe ont, en principe, le même caractère ;

Qu'il en est ainsi notamment des sacrifices volontaires effectués pour la mise à flot du navire ;

Qu'il n'existe d'exception à la règle que dans le cas de péril imminent régulièrement constaté ;

Qu'alors, il se produit, à vrai dire, une situation nouvelle génératrice d'une avarie qui, tout en se rattachant au même fait, doit être appréciée d'après les règles qui lui sont propres ;

Attendu, dans l'espèce, que l'échouement du " Brooklands " n'a pas été volontaire ;

Qu'il paraît devoir être attribué au cas fortuit ;

Qu'il constitue, par suite, une avarie particulière et que l'allègement auquel il a été procédé, pour le renflouement du navire, ne saurait avoir un autre caractère ;

Que rien n'établit, en effet, qu'il était commandé par le salut du navire et de la cargaison ;

Que les conditions dans lesquelles il a eu lieu, et les docu-

ments versés au débat ne peuvent laisser aucun doute à cet
égard ;

Que l'équipage n'a point été appelé à délibérer sur la
nécessité et l'urgence de la mesure qui a été prise ;

Que, d'autre part, le capitaine Nison, commis par le Tribunal de commerce de Rouen pour visiter le " Brooklands "
et indiquer les précautions à prendre, affirme, dans son rapport, que la situation du navire est bonne et qu'il ne voit pas
la nécessité de prescrire des mesures pour sa conservation
et celle de la cargaison ; que le renflouement s'opérera natu-
rellement dans quelques jours et que l'allégement n'a d'uti-
lité que pour gagner du temps ;

Attendu que la portée de ces déclarations ne saurait être
infirmée par des certificats qui, émanés de personnes n'ayant
pas vu le "Brooklands" lors de l'événement et dépourvus,
d'ailleurs, des garanties dont l'étude de la question doit toujours être entourée, ne peuvent avoir aucune valeur juridique ;

Par ces motifs :

La Cour,

Faisant droit à l'appel relevé par Génestal et Delzons
contre le jugement rendu par le Tribunal de commerce de
Rouen, le 19 décembre 1888, infirme le jugement attaqué ;
déclare le capitaine mal fondé dans sa demande et ses conclusions, décharge les appelants des condamnations contre
eux prononcées et condamne le capitaine Moore aux dépens
de première instance et d'appel.

VI. — Opinion et résumé de M. Desjardins

1005. — Mais le navire a fortuitement échoué. C'est là, nous l'établirons plus loin, une avarie simple et nous allons supposer qu'on s'accorde à la caractériser ainsi dans un cas donné.

Comment classera-t-on les frais de renflouement et autres faits à la suite de cet échouement involontaire ?

Le texte de l'ordonnance (1. III, tit. VII, art. 6) paraissait ranger indistinctement les frais de renflouement parmi les avaries communes. Cependant Valin ajoutait : « Les frais pour relever le navire en cas d'échouement pour éviter d'être pris. »

Ecoutons les conseillers d'Oms et Féraud-Giraud dans leurs rapports du 3 février 1864 et du 10 août 1880 à la Cour de cassation (chambre des requêtes) (1) : « ..... Ces principes n'ont jamais été contestés dans la doctrine ; on a essayé de s'y dérober dans la pratique à l'aide de distinctions plus ou moins subtiles et, tout en admettant que le navire échoué par un évènement de force majeure fût placé sous l'empire de l'avarie particulière, on prétendait classer en avaries communes les dépenses faites pour décharger le navire à l'effet de rendre possibles les réparations que l'échouement avait occasionnées. Les partisans de ce système estimaient qu'ils lui avaient donné une base solide en faisant observer que le déchargement était un acte volontaire et qu'il était accompli aussi bien dans l'intérêt de la marchandise que du navire,

---

(1) M. Féraud-Giraud a intercalé ce fragment du rapport de M. d'Oms dans le sien et a déclaré se l'approprier.

puisque les chargeurs sont aussi intéressés que les propriétaires du navire au succès définitif de la navigation. Cette objection ne tendrait à rien moins qu'à effacer la distinction établie par la loi entre les avaries..... Le navire, placé sous la loi de l'avarie particulière, ne peut plus en sortir, et ce caractère s'imprimera à tous les actes subséquents, à toutes les dépenses, même volontaires qui sont la conséquence du fait primordial de force majeure ». La Chambre des requêtes a, le 3 février 1864, jugé, en effet « que sans doute, après que le navire a échoué par une fortune de mer, il peut se produire, et il se produira nécessairement des actes volontaires qui imposent des sacrifices à la marchandise »; « mais ces actes, poursuivait-elle, tout volontaires qu'ils sont, ne cesseront pas de participer du caractère de l'avarie particulière quand ils s'y rattacheront par un lien nécessaire et qu'ils en seront la conséquence forcée » : « En admettant, disait-elle enfin, que le déchargement des marchandises qui se trouvent à bord d'un navire échoué par fortune de mer ou toute autre dépense faite pour relever le navire puisse, dans certaines circonstances, être considéré comme fait dans l'intérêt du navire et de la marchandise et classé à ce titre en avarie commune, il appartient aux juges du fait, etc. ». Ajoutons que, sur cette question particulière, le Code s'est prononcé, puisqu'il ne classe parmi les avaries communes que « les frais faits pour remettre à flot le navire échoué dans l'intention d'éviter la perte totale ou la prise » (art. 400, § 8).

On répond : 1° que le renflouement est décidé pour prévenir un sinistre plus grand, la perte totale du navire et de la cargaison ; 2ᵉ qu'il est une suite indirecte du cas fortuit. Indirecte ! Mais on renfloue parce que l'échouement fortuit empêche le navire de continuer son voyage et l'on ne renfloue pas pour une autre cause. Quant à la cargaison, elle est presque toujours à l'abri d'un péril maritime, et ce ne sont pas les lentes opérations du renflouement qui la mettront en sûreté. Enfin l'argument du texte est irréfutable.

Toutefois un grand nombre de tribunaux consulaires, parmi lesquels celui de Marseille, n'ont pas voulu rompre avec une tradition législativement condamnée. Peut-être eussent-ils abouti à une autre solution s'ils avaient mieux comparé le texte du Code avec celui de l'Ordonnance. Les cours de Rennes et de Bordeaux (1) ont, au contraire, appliqué la loi. La Cour de cassation, rejetant, sur ce point, le 27 décembre 1871, le pourvoi dirigé contre un arrêt de Bordeaux (D. 72, 1, 36), a maintenu parmi les avaries simples le frais du renflouement fait à la suite d'un échouement fortuit.

Dans le système adopté par le tribunal de Marseille, il faut, bien entendu, classer en avarie grosse non seulement le renflouement lui-même, mais toutes les dépenses et tous les dommages qui s'y rattachent : par exemple la portion des avaries de la coque qui doit être attribuée aux efforts de traction faits pour le renflouement, les honoraires dus aux pilotes qui ont prêté leurs concours à l'opération, les frais d'allégement, de remorquage, et même la conosmmation du charbon faite pour la machine en vue du renflouement. D'après un jugement du tribunal de commerce de Nantes, l'ensemble de la cargaison qui se trouvait à bord au moment de l'échouement doit contribuer aux frais d'allègement et de remorquage sans distinction entre les frais antérieurs à l'allégement non plus qu'entre les marchandises restées à bord et les marchandises débarquées.

Les prémisses étant données, on peut, en effet, tirer cette conclusion, du moins alors que la séparation matérielle du navire et du chargement n'est pas un résultat définitif de

---

(1) 2 juin 1869. D. 70, 2, 39. « Attendu que les experts et après eux le tribunal, dit la Cour, se sont trompés en rangeant en avaries grosses les frais faits dans le port soit par l'entretien de feux, soit par des renforts d'hommes, de steamers et de cordages tant avant l'échouement éprouvé par le navire que pour l'en relever ensuite et le conduire dans le port militaire de Hamoaze, puis enfin dans le Great Western Flotting Dock ;

Attendu, en effet, que ces frais ne sont que la conséquence des dommages fortuits auxquels les experts eux-mêmes assignent le caractère d'avaries particulières au navire ; qu'ils participent donc de leur nature... »

l'échouement fortuit, mais une mesure temporaire prescrite à raison du renflouement et pour le faciliter.

L'échouement involontaire peut entrer lui-même en avarie grosse lorsqu'il est la suite immédiate et nécessaire de sacrifices faits en vue de pourvoir à la sécurité commune. C'est une application de la règle générale que nous avons posée (n° 982), et qui domine toute la théorie des avaries. Dans ce cas, les frais de renflouement entreraient en contribution sans débat possible, le navire et la marchandise étant placés sous la loi de l'avarie commune.

Le projet de revision imprimé en 1867 eût terminé toutes les controverses : il réputait avaries communes les frais faits dans l'intérêt commun pour remettre à flot le navire échoué, sans distinguer entre les causes d'éohouement (Art 403 § 55).

Traité de droit commercial maritime par A. Desjardins, tome IV, pages 272 et suivantes.

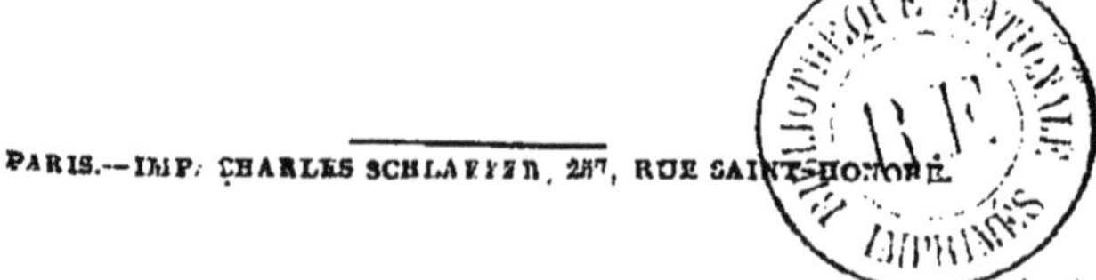

PARIS.—IMP. CHARLES SCHLAEFFER, 257, RUE SAINT-HONORÉ.